BEI GRIN MACHT SICH IHR WISSEN BEZAHLT

- Wir veröffentlichen Ihre Hausarbeit,
  Bachelor- und Masterarbeit

- Ihr eigenes eBook und Buch -
  weltweit in allen wichtigen Shops

- Verdienen Sie an jedem Verkauf

Jetzt bei www.GRIN.com hochladen und kostenlos publizieren

Bibliografische Information der Deutschen Nationalbibliothek:

Die Deutsche Bibliothek verzeichnet diese Publikation in der Deutschen National-
bibliografie; detaillierte bibliografische Daten sind im Internet über http://dnb.d-
nb.de/ abrufbar.

Impressum:

Copyright © 2016 GRIN Verlag
Druck und Bindung: Books on Demand GmbH, Norderstedt Germany
ISBN: 9783346011053

Dieses Buch bei GRIN:

https://www.grin.com/document/490206

Christian Lehnert

Verkaufsmanagement in einem Sportverein

Kundenorientierung, Teamentwicklung und Controlling für ein gelungenes Verkaufskonzept

GRIN Verlag

GRIN - Your knowledge has value

Der GRIN Verlag publiziert seit 1998 wissenschaftliche Arbeiten von Studenten, Hochschullehrern und anderen Akademikern als eBook und gedrucktes Buch. Die Verlagswebsite www.grin.com ist die ideale Plattform zur Veröffentlichung von Hausarbeiten, Abschlussarbeiten, wissenschaftlichen Aufsätzen, Dissertationen und Fachbüchern.

Besuchen Sie uns im Internet:

http://www.grin.com/

http://www.facebook.com/grincom

http://www.twitter.com/grin_com

Deutsche Hochschule für

Prävention und Gesundheitsmanagement

Einsendeaufgabe

Fachmodul: Verkaufsmanagement

Studiengang: Fitnessökonomie

Name, Vorname: Lehnert, Christian

Inhaltsverzeichnis

1 Verkaufsmanagement

Tab.1: Klassifizierung/Einordnung des Ausbildungsbetriebes

Name der Anlage	Turngemeinde
	Klassifizierung / Einordnung
Anlagenstruktur:	Racket-Studio
Größe der Anlage:	300 bis 749 qm
Preisstruktur der Anlage	30,00 € bis 59,99 €
Beschreibung der Kernleistungen	- Verkauf von Mitgliedschaften - Vermietung von Tennis- und Badmintonplätzen - Beratung

1.1 Verkaufsorganisation

In unserem Unternehmen wird nicht nach den 13 Stufen des Verkaufs gearbeitet. Dennoch gibt es Parallelen zum Verkauf einer Mitgliedschaft. Der Kunde wird direkt an der Rezeption beraten und kann auch gleich eine Eintrittserklärung ausfüllen oder mit nach Hause nehmen.

Tab.2: Verkaufsprozess im Unternehmen

(1) Vorbereitungsstufe	wird nicht durchgeführt
(2) Kontaktaufnahme	Blickkontakt, freundliches Lächeln, Körperhaltung, Mimik und Gestik
(3) Aufbau einer persönlichen Beziehung	positive und nonverbale Körpersprache
(4) Bedarfsanalyse	aktives Zuhören, Signalwörter werden eingesetzt
(5) Angebotspräsentation	Vorteile, Nutzen und Merkmale werden beschrieben
(6) Angebots- und Bestätigungsstufe	Vorteile des Dienstleistungsverkaufs werden genannt

(7) Grundsatzentscheidung	Frage zur Grundsatzentscheidung wird gestellt
(8) Preispräsentation f. die Mitgliedschaft	Preis und Nutzen wird in Relation gestellt
(9) Das „Ja" zur Mitgliedschaft	Empfehlung wird ausgesprochen und es gibt eine klare Preisakzeptanz
(10) Preispräsentation für das Startpaket	wird nicht durchgeführt
(11) Vorabschluss	Drei-Schritte-Strategie wird angewandt
(12) Mitgliedschaft	der Vertrag wird vom Kunden ausgefüllt
(13) After-Sales-Betreuung	wird nicht durchgeführt

1.2 Vergleich mit den 13 Stufen des Verkaufs

Tab.3: Vergleich mit den 13 Stufen des Verkaufs

(1) Vorbereitungsstufe	stimmt nicht überein, da kein Beratungszimmer vorhanden ist und der Kunde keinen Termin für ein Beratungsgespräch benötigt
(2) Kontaktaufnahme	der Name des Interessenten ist nicht bekannt, ansonsten stimmt alles andere überein
(3) Aufbau einer persönlichen Beziehung	nach der Kontaktaufnahme geht es gleich über in die Bedarfsanalyse, deswegen stimmt dieser Punkt nicht überein
(4) Bedarfsanalyse	die Bedarfsanalyse ist vorhanden, allerdings werden keine Notizen aufgeschrieben und die Bedürfnisse werden nicht genau herausgefunden, deswegen stimmt es nur zum Teil überein
(5) Angebotspräsentation	stimmt überein
(6) Angebots- und Bestätigungsstufe	stimmt überein
(7) Grundsatzentscheidung	stimmt überein
(8) Preispräsentation f. die Mitgliedschaft	stimmt überein
(9) Das „Ja" zur Mitgliedschaft	stimmt überein

(10) Preispräsentation für das Startpaket	stimmt nicht überein, da in unserem Unternehmen kein Startpaket verkauft wird
(11) Vorabschluss	stimmt überein
(12) Mitgliedschaft	der Vertrag wird vom Kunden ausgefüllt und an der Rezeption abgegeben, ansonsten stimmt es überein
(13) After-Sales-Betreuung	stimmt nicht überein, da keine Gutscheine oder Rabatte auf Zusatzangebote ausgehändigt werden

Aufgrund dessen, dass wir kein Discounter sind, sondern ein Verein und nicht das Ziel verfolgen so viel Mitgliedschaften wie möglich zu verkaufen, werden die 13 Stufen bei uns nicht in voller Ausschöpfung durchgeführt. Da kein Termin nötig ist, um bei uns Mitglied zu werden, ist es meistens so, dass die Neukunden sich schon im gewissen Sinne mit dem Verein beschäftigt haben und nur den Preis erfragen wollen beziehungsweise eine Eintrittserklärung ausgehändigt haben wollen.

1.3 Verkaufsprozessoptimierung

Es gibt dennoch einige Ideen wie man den Verkaufspreis optimieren könnte. Für Neukunden, die sich vorher noch nicht über uns informiert haben, wäre es wichtig, wenn ein Beratungsraum zur Verfügung stehen könnte, um sich mehr Zeit für den Kunden zu nehmen. In gewissen Zeitabständen wäre es wichtig, dass das Personal in den Verkaufsprozessen geschult wird, um bessere Beratungsgespräche abzuliefern. Denn neben dem Verkauf von Shakes, Badminton-/Tennisbuchungen etc. ist es manchmal schwierig, professionell gegenüber dem Kunden aufzutreten. Des Weiteren wäre es vielleicht von Vorteil, wenn der Kunde ein Startpaket oder eine zum Kauf der Mitgliedschaft dazugehörige Infomappe mit diversen Gutscheinen bekommt, um Neukunden zu gewinnen.

2 Kundenorientierung

2.1 Konzept der Selbstkonkordanz

Externaler Modus
Die Person wird von außen dazu veranlasst ihr Ziel zu erreichen.

Inrojizierter Modus
Die Person fühlt sich zur Zielverfolgung verpflichtet, auf einer Basis von fremden Wertvorstellungen.

Identifizierter Modus
Die Person verfolgt aus Überzeugung ein Ziel, weil es den Wertvorstellungen entspricht.

Intrinsischer Modus
Die Person setzt sich selber ein Ziel, welches sie verfolgen möchte.

Strategie vom externalen Modus in den introjizierten Modus
Ein Freund hat mir empfohlen zum Arzt zu gehen, da sich ansonsten meine Rückenschmerzen nie verbessern werden.

Strategie vom introjizierten Modus in den identifizierten Modus
Der Arzt hat mir ein Rezept für die Rückenschule verschrieben, welches ich innerhalb eines halben Jahres abarbeiten soll.

Strategie vom identifizierten Modus in den intrinsischen Modus
Die Rückenschule macht sehr viel Spaß in der Gruppe und lindert zugleich auch meine Rückenschmerzen. Ich nehme mir vor, diesen Kurs öfters zu besuchen.

2.2 Kundenbindung

Kontakt zum Kunden aufbauen

Es ist wichtig, eine gute Verbindung zum Kunden herzustellen. Dies kann man zum Beispiel erreichen, indem der Kunde immer mit seinem Namen angesprochen wird. Anfangs wird es schwerfallen, sich die Namen zu merken, aber es wird immer einen guten Eindruck auf den Kunden machen, um das Vertrauen untereinander zu stärken. Gegebenenfalls wäre eine persönliche Geburtstagsgratulation verbindungsaufbauend.

Mitgliedertreffen

Es ist wichtig, dass die Kunden gleich nach Eintritt in das Studio integriert werden. Dies kann durch regelmäßige Mitgliedertreffen durchgeführt werden. Somit lernt der Neukunde andere Mitglieder kennen und kann sich beispielsweise über das Training austauschen.

Trainingsplan

Der Trainingsplan muss auf den Kunden abgestimmt sein, damit seine Ziele erreicht werden können. Durch das ständige Wechseln des Trainingsplans (ca. aller sechs bis acht Wochen) wird der Kunde motiviert, sich neuen und möglicherweise unbekannten Übungen zu stellen.

Feedback einholen

Für das Unternehmen ist es wichtig zu wissen was man möglicherweise verbessern kann. Demzufolge bietet es sich an, den Neukunden zu fragen wie wohl er sich bisher fühlte und was ihm derzeit noch nicht gefällt. Auf diese Aussage kann reagiert werden, um die Bedürfnisse des Kunden zu befriedigen.

Auftreten

Auch außerhalb des Studios ist es wichtig ein gutes Auftreten vorzuweisen. Es kann immer zur Situation kommen, dass man Kunden auf der Straße begegnet. Des Weiteren sollte man seriös, ehrlich und fair gegenüber dem Kunden auftreten, weil dieser diese Werte schätzen wird.

2.3 Zusatzverkäufe

Zu dem Verkauf von Studio- und Kursmitgliedschaften bieten wir noch die Vermietung von Badminton- und Tennisplätzen an. Des Weiteren werden im Rezeptionsbereich diverse Produkte rund um Tennis und Badminton angeboten (Griffbänder, Schläger, Bälle, …). Im Thekenbereich werden bei uns Riegel, Shakes, kalte Getränke und Aminosäuren verkauft. Direkt im Trainingsbereich wird nichts verkauft, außer es steht ein Event des Vereines an, bei dem dann die Anmeldeformulare im Studio ausliegen. Diese Startgebühren werden allerdings auch über den Rezeptionsbereich oder online verkauft. Außerdem können unsere Räumlichkeiten (Tanzsäle, Kursräume) für private Veranstaltungen gemietet werden.

Auch wenn wir schon viele Zusatzverkäufe in unserem Unternehmen anbieten, gibt es dennoch Möglichkeiten, um mehr Zusatzleistungen anzubieten. Da auch viele Familien zu uns trainieren oder Badminton/Tennis spielen kommen, bietet es sich an, für die kleinen Kinder eine Kinderbetreuung einzurichten. Auf der anderen Seite bietet sich auch an, wenn die Kinder in einem von unseren Kinderkursen sind, dass die Eltern sich beispielsweise auf einer Massageliege oder in einem Solarium entspannen können. An den Wochenenden, wenn die Säle nicht allzu gefüllt sind, könnten für unterschiedliche Altersgruppen Seminare, Schulungen oder Themenabende angeboten werden. Durch ein zusätzlich eingeführtes Startpaket kann man diese neuen Produkte auch vermitteln. Durch ein regelmäßiges Wechseln der Riegel, Shakes und Getränkeangebote ist garantiert für jeden etwas dabei. Im Fitnessbereich könnte man zur klassischen Mitgliedschaft auch noch zusätzliche Pakete anbieten, die wahlweise mit dazu gebucht werden können. Beispiele für gewisse dazu buchbare Pakete wären Personaltraining, Ernährung, Entspannung.

3 Teams, Motivation & Führung

3.1 Teamentwicklung

(1) Forming

- der Teamleiter ist in der ersten Phase zuständig dafür, dass Kontaktmöglichkeiten im Team geschaffen werden
- er soll seinem Team klare Informationen über die Zielsetzung des Unternehmens vermitteln

(2) Storming

- der Teamleiter sollte in dieser Phase die Balance zwischen den verschiedenen Meinungen herstellen
- die Struktur sollte in dieser Phase genau vorgegeben sein und auch die vorgegebenen Regeln sollen vom Team eingehalten werden

(3) Norming

- es werden nun vom Teamleiter neue Umgangsformen und Verhaltensweisen entwickelt, die mögliche Probleme der Teammitglieder lösen können
- durch das Zusammenführen der verschiedenen Standpunkte vermittelt der Teamleiter in dieser Phase ein Wir-Gefühl

(4) Performing

- der Teamleiter agiert in dieser Phase immer mehr zurückhaltend und zieht sich nach und nach immer mehr zurück
- er bietet den Teammitgliedern Entwicklungschancen

In Phase 2 ist der Teamleiter am meisten gefordert, da aufgrund des hohen Spannungsverhältnisses zwischen den Teammitgliedern das Team auseinander zu brechen droht. Es kann beispielsweise in dieser Phase dazu kommen, dass sich verschiedene Gruppen bilden, die alle ein anderes Ziel verfolgen, weil sie unterschiedlicher Meinung sind.

Deswegen ist es wirklich wichtig, in dieser Phase eine konkrete Struktur vorzugeben, an die sich alle Teammitglieder halten sollen.

3.2 Motivation

Gruppenprovision bedeutet, dass die Provision auf das ganze Team aufgeteilt wird. Dies hat den Vorteil, dass durch diese gerechte Aufteilung der Provision die Teamarbeit unterstützt wird. Des Weiteren spielen die Arbeitszeit und die Tätigkeit, die jemand im Unternehmen ausübt, keine Rolle, da jeder die gleiche Provision erhält, wenn ein vom Unternehmen vorgegebenes Ziel erreicht wird.

Allerdings werden außergewöhnlich gute Leistungen eines Einzelnen vom Arbeitgeber nicht anerkannt beziehungsweise nicht extra belohnt. Dies hat zur Folge, dass einige viel für den Erfolg des Unternehmens beisteuern und der andere Teil der Gruppe sich eher zurückhält und die anderen die Aufgaben erledigen lässt.

Die Gruppenprovision ist eine von drei Arten, wie man eine Provision erteilen kann. Bei der Einzelprovision ist es genau das Gegenteil von der Gruppenprovision. Die Einzelnen im Unternehmen werden zwar für ihre guten Leistungen belohnt, aber es kommt kein richtiges Teamwork zustande, da jeder für sich arbeitet. Bei der dritten Variante, der Kombiprovision, herrscht ein Mix aus den beiden anderen Provisionsarten. Hier gilt allerdings festzulegen, wie die Provision gerecht aufgeteilt wird.

Um sich auf die Aussage zu beziehen, ist es für ein Unternehmen wichtig festzulegen, welches Ziel verfolgt werden soll. Da die Kundenbindung für ein Unternehmen sehr ausschlaggebend ist, ist es von Bedeutung, dass der Kunde sieht, dass die Mitarbeiter als Team fungieren. Der Kunde kann somit leichter mehr Vertrauen zu anderen Trainern aufbauen, da er auch die Trainer sieht, wie sie untereinander harmonieren. Es sollte dennoch vom Leiter des Unternehmens an jeden Arbeitnehmer appelliert werden, dass dieser seine vorgegebenen Aufgaben mit bestmöglichen Ergebnissen erledigt.

4 Controlling

4.1 Kennzahlen im Vertrieb

<u>Telefonquote</u>

$$\frac{\textit{Anzahl der vereinbarten Beratungstermine}}{\textit{Anzahl Interessentenanrufe}} \cdot 100$$

<u>Termineinhaltungsquote</u>

$$\frac{\textit{Anzahl der erschienenen Beratungstermine}}{\textit{Anzahl der vereinbarten Beratungstermine}} \cdot 100$$

<u>Abschlussquote</u>

$$\frac{\textit{Anzahl der abgeschlossenen Mitgliedschaften}}{\textit{Anzahl der durchgeführten Beratungen}} \cdot 100$$

<u>Mai 2016</u>

Telefonquote	=	$\frac{20}{29} \cdot 100$	= 68,97 %
Termineinhaltungsquote	=	$\frac{17}{20} \cdot 100$	= 85,00 %
Abschlussquote	=	$\frac{15}{17} \cdot 100$	= 88,24 %

<u>Juni 2016</u>

Telefonquote	=	$\frac{14}{23} \cdot 100$	= 60,87 %
Termineinhaltungsquote	=	$\frac{9}{14} \cdot 100$	= 64,29 %
Abschlussquote	=	$\frac{5}{9} \cdot 100$	= 55,56 %

<u>Juli 2016</u>

Telefonquote	=	$\frac{11}{20} \cdot 100$	= 55,00 %
Termineinhaltungsquote	=	$\frac{7}{11} \cdot 100$	= 63,64 %
Abschlussquote	=	$\frac{3}{7} \cdot 100$	= 42,86 %

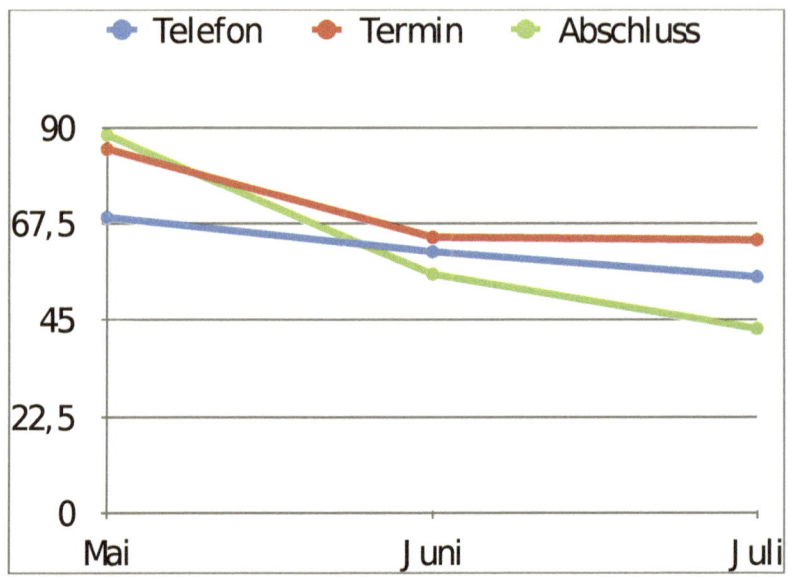

Abb.1: Diagramm - Entwicklung der Kennzahlen

Anhand des Diagramms ist sichtbar, dass alle drei Quoten sinken. Im Mai war die Abschlussquote noch bei knapp 90% und bis Ende Juli ist sie auf unter 45% gesunken. Dieser Abfall der Kurve kann aufgrund eines Sommerlochs entstehen. Es ist Urlaubszeit und viele betreiben auch außerhalb des Studios Sport, da im Sommer auch schöneres Wetter ist, um sich draußen aktiv zu bewegen. Die Kurve wird sich dann aller Voraussicht nach ab August/September wieder nach oben verändern.

4.2 Fluktuationsquote

Anzahl der Abgänge 2015   =   200

Durchschnittlicher Mitgliederbestand 2015 =   3000

Berechnung der Fluktuationsquote

$$= \frac{\textit{Anzahl der Abgänge 2015}}{\textit{Durchschnittlicher Mitgliederbestand 2015}} \cdot 100$$

$$= \frac{200}{3000} \cdot 100$$

$$= 0,067 \cdot 100$$

$$= 6,7$$

Die Fluktuationsquote beträgt 6,7 %.

Die Fluktuationsquote soll um 5 % gesenkt werden, das heißt, dass die Fluktuationsquote zum Ende des Jahres 2016 1,7 % betragen soll.

$$\frac{\textit{Anzahl der Abgänge 2016}}{\textit{Durchschnittlicher Mitgliederbestand 2016}} \cdot 100 = 1,7$$

$$\frac{x}{3000} \cdot 100 = 1,7$$

$$\frac{x \cdot 100}{3000} = 1,7$$

$$\frac{x \cdot 1}{30} = 1,7$$

$$x = 30 \cdot 1,7$$

$$x = 51$$

149 Abgänge weniger müssten im Jahr 2016 verzeichnet werden, um eine Fluktuationsquote von 1,7 % zu erreichen.

<u>Berechnung des Mehrumsatzes</u>

Umsatz pro Mitglied / pro Jahr   =   366,00 € (30,50 €/Monat)

Umsatz für das Jahr 2015

(Durchschnittlicher Mitgliederbestand 2015 -   Abgänge 2015) Umsatz/Mitglied

(3000   -   200)   * 366,00 €

2800   * 366,00 €

= 1 024 800,00 €

Umsatz für das Jahr 2016

(Durchschnittlicher Mitgliederbestand 2016 -   Abgänge 2016) * Umsatz/Mitglied

(3000   -   51)   * 366,00 €

2949   * 366,00 €

= 1 079 334,00 €

Umsatz 2016   -   Umsatz 2015

1 079 334,00 €   -   1 024 800,00 €

= 54 534,00 €

Bei einer Senkung der Fluktuationsquote um fünf Prozentpunkte, würde unser Unternehmen einen Mehrumsatz von 54 534,00 € erzielen.

6 Tabellenverzeichnis

7 Abbildungsverzeichnis

8 Literaturverzeichnis

Schlaffke, Prof. Dr. phil Winfried & Plünnecke, Prof. Dr. rer. Pol. Axel (2015). *Verkaufsmanagement*. Saarbrücken: Deutsche Hochschule für Prävention und Gesundheitsmanagement